AF554801

GRAND

MEETING OUVRIER DE LYON

DANS LES

ATELIERS DE M. HENRI SATRE

Quai Rambaud, 8 et 9.

DISCOURS DE M. DE MUN

GENÈVE

ARTS GRAPHIQUES, F. THÉVOZ ET Ce, RUE DU MONT-BLANC

1891

1891

GRAND

MEETING OUVRIER DE LYON

DANS LES

ATELIERS DE M. HENRI SATRE

DISCOURS DE M. DE MUN

Messieurs,

Je vous demande tout d'abord deux choses : la première, de mettre vos chapeaux, parce qu'il me semble que cela vous sera plus commode que de les tenir à la main ; la seconde, c'est que tous ceux qui peuvent le faire, veuillent bien s'asseoir. J'espère que par là nous diminuerons un peu la fatigue que je m'excuse de vous imposer. *(Rires et applaudissements)*.

En vous voyant réunis debout, par la température un peu élevée qu'il fait ici, vous le comprenez bien, j'en suis sûr, je n'ai pas besoin d'exorde oratoire. Je suis extrêmement touché du spectacle qu'offre cette réunion, touché de l'empressement que vous avez bien voulu mettre à répondre à l'invitation qui vous a été adressée. Je vous en suis très reconnaissant, et je suis sûr que vous m'en voudriez de ne pas être votre interprète en cette circonstance.

Je suis reconnaissant à M. Sâtre qui a bien voulu mettre à notre disposition son local pour la réunion d'aujourd'hui. *(Applaudissements)*.

Je n'ai jamais vu, Messieurs, depuis longtemps que je parle dans les assemblées, que je fréquente les réunions, je n'ai rien vu de plus frappant, de plus caractéristique, de plus imposant que la réunion qui est en ce moment sous mes yeux. Je vois en face de moi des hommes de tous les âges, de tous les rangs, de toutes les professions, je les vois confondus dans cette salle, décorée de tous les attributs, de tous les instruments de travail, un moment suspendu, pour nous donner asile.

Et, savez-vous ce qui me saisit, ce qui m'a tout à l'heure frappé au moment où j'ai franchi le seuil? c'est que vous présentez ici dans le local l'image presque parfaite de la société moderne et du pays au milieu duquel nous vivons. *(Applaudissements)*.

Vous êtes ici des hommes de tous les rangs, de toutes les professions, dominés par les instruments du travail, par le spectacle de l'industrie, réunis au lieu même où s'agite la question vitale de notre temps. Vous y êtes, par la disposition même des lieux, et par les circonstances.

Il est bon de nous arrêter un moment au milieu de cette question du travail qui fixe l'attention d'un bout à l'autre de l'univers, de l'Europe, de notre pays, plus vivace ici que partout ailleurs à cause de notre caractère.

Elle passe debout au milieu de tous les problèmes qui se dressent autour d'elle, et l'on se demande comment on pourra la résoudre, on se demande comment on pourra donner au monde la paix et la justice qu'il réclame.

Par tous les temps, messieurs, cette question du

travail a passionné la société ; elle est au fond de toutes les époques, mais en aucun temps, en aucun moment, dans aucune circonstance, elle n'a dominé plus profondément, pesé d'un poids plus lourd sur tous les problèmes.

Ce ne sont pas seulement les intérêts d'une catégorie de travailleurs, ce ne sont pas seulement les intérêts d'une industrie qui sont en cause, c'est avant tout l'avenir de notre pays et de son industrie, qui est devenu la question dominante de notre temps. De là, dépend la paix et le repos, le trouble ou l'agitation qui lui sera réservé.

Les questions politiques disparaissent et s'effacent, passent au deuxième, au troisième plan, il n'y a plus que la question du travail qui fixe l'attention des hommes les plus haut placés, qui occupe les législateurs ; jusque dans les milieux industriels, jusque dans les demeures où les ouvriers se retirent après leur travail accompli, les mêmes problèmes se posent aussi vivaces.

Voilà pourquoi toutes les fois qu'il s'agit de rassembler les hommes, il faut leur parler de cette question vitale.

Qui que vous soyez, patrons ou ouvriers, industriels ou artisans de toutes sortes, vous avez entre les mains l'avenir de votre pays. C'est à vous de décider, de dire ce que vous préférez. Du parti que vous prendrez, de la route que vous suivrez, dépendra la pacification sociale, le rapprochement des uns et des autres, ou si par des menaces trop prolongées, des passions trop excitées, vous voulez apporter à votre pays la guerre sociale et la prolonger dans l'infini.

Eh bien, Messieurs, poser cette question devant des hommes de bonne foi, comme vous l'êtes tous, attachés à la paix, attachés à leur profession ; des hommes dévoués au bien de leur nation, c'est la résoudre d'avance. *(Applaudissements.)*

Il n'y a personne parmi vous qui, placé en face de ce dilemme — si c'est la paix ou la guerre qu'il désire — ne réponde : c'est la paix. *(Applaudissements.)*

Il faut que la pacification sociale s'établisse parmi nous. Si j'ai donné une réponse, je n'ai pas donné la solution, par laquelle on pourrait arriver à la résoudre.

Là est la difficulté.

Comment, et par quels moyens arriver à donner cette paix au monde ? — Là est la question.

Combien je voudrais pouvoir vous dire et faire pressentir la terrible angoisse qui saisit le cœur des hommes de bonne volonté, sans parti pris, désintéressés, qui ne cherchent en mettant au service de la cause populaire qu'à donner libre cours à leurs convictions, et à servir la cause la plus juste et la plus noble qu'ils connaissent.

Je voudrais vous faire sentir l'angoisse qui saisit leurs cœurs quand ces questions se dressent devant eux, quand ils voient passer la masse des travailleurs ils se demandent avec anxiété : Mais qu'est-ce qu'il y a au fond de ces cœurs, que veulent-ils ? Que demandent-ils ? Quelles sont les pensées ? Quel est le mystère qui est au fond de l'âme populaire ? C'est là, je puis le dire, la pensée dominante de la vie de tous ceux qui, avec des convictions différentes, se consacrent à la solution de ce redoutable problème.

Que de fois il m'est arrivé, quand je voyais ces foules sortir de leurs ateliers, me tenant comme un spectateur muet sur leur passage, de me dire : Qui donc livrera le secret de ces âmes, qui donnera le moyen de toucher ces cœurs, de leur donner les satisfactions qu'ils réclament, et le moyen d'apporter à l'industrie et au pays auxquels ils appartiennent la paix qu'ils veulent leur donner au lieu du désordre qui les agite? *(Applaudissements.)*

Messieurs, quelle que soit cette inquiétude, quelle que soit cette anxiété, il y a une réponse qui saute aux yeux de tous, et il y a une vérité qui saisit et qui demande tout leur dévouement, et c'est ce que vous voulez.

C'est à vous, ouvriers, à qui je m'adresse en particulier, c'est la satisfaction de ce que vous regardez comme la consécration d'un droit légitime que votre conscience vous oblige de défendre. *(Applaudissements.)*

Vous avez dans notre pays des droits politiques, des droits que vous donne le nombre ; l'exercice que vous pouvez en faire par le suffrage universel ; mais bien vite vous vous êtes aperçus par la réflexion, par la pratique de tous les jours, que les droits politiques que vous avez, que le nombre qui est pour vous le moyen de les exercer, ne vous donnent pas les droits économiques auxquels vous avez droit comme les autres.

Voilà, Messieurs, pour moi, la vérité de la situation. On vous a donné des droits qui ne vous suffisent pas, vous voulez..., vous avez raison de les vouloir parce que je l'ai dit ailleurs, et je me fais gloire de dire sur ce point ce que je pense. Vous avez été frappés des vices de la société moderne, vous vous apercevez qu'il y a depuis longtemps, d'un bout à l'autre du monde, dans la cause économique un débordement d'égoïsme, de passion qui poussent à la satisfaction des intérêts matériels. Vous vous apercevez que l'ordre économique moderne, aboutit aujourd'hui à une concentration de plus en plus grande des capitaux entre quelques mains ; c'est une situation périlleuse pour la classe des travailleurs; voilà ce qui vous émeut, voilà ce que vous constatez et vous vous dites que vous avez droit comme un autre de jouir de votre foyer. *(Applaudissements.)*

Or, ce n'est pas jouir de votre foyer que de ne pas le voir gardé par l'épouse qui en est la gardienne naturelle, de le voir privé de vos enfants.

Vous avez droit au repos au milieu de votre travail, ce repos qui, pendant des siècles à été le repos du dimanche, qui a été la garantie de vos satisfactions les plus légitimes. C'est un bien que vous avez le droit de revendiquer énergiquement. *(Salve d'applaudissements.)*

Vous vous dites que votre force a des limites qu'il ne faut pas dépasser. Vous vous dites encore que votre lendemain doit être assuré, que votre vieillesse doit être préservée contre les incertitudes qui la menacent.

Et après avoir donné à l'industrie et par là-même à votre pays, toutes les forces qui sont en votre puissance, vous ne pouvez pas être mis de côté comme un bagage inutile, mais vous avez droit à la sécurité à laquelle tous les hommes doivent prétendre. *(Applaudissements.)*

Vous reconnaissez que vous avez au fond de vos cœurs une conscience qui vous dit que ces droits sont à vous. Quant à moi, je ne cesserai pas, dans toutes les circonstances, et particulièrement dans l'exercice de mon mandat législatif, je ne cesserai de revendiquer pour vous ces droits essentiels.

J'ai voulu, pour ainsi dire, en parler tout de suite afin d'établir entre nous cette communion de sentiments qui vous témoigne que nous sommes ici sur un terrain commun, que nous poursuivons le même but, que nous avons les mêmes aspirations.

Je ne m'étonne plus s'il arrive que la classe des travailleurs se laisse séduire et entraîner souvent par les conseils et les promesses du socialisme. Je le dis, Messieurs, avec un sentiment de critique contre beaucoup de ceux qui pensent comme moi, c'est que trop souvent, nous autres catholiques, nous avons laissé aux socialistes le soin de faire devant vous cette démonstration, de vous rappeler vos droits et de critiquer devant vous les abus de la société. *(Applaudissements.)*

Je ne m'étonne pas dès lors que la masse des travailleurs se laisse séduire et entraîner de ce côté, et je ne vous étonnerai pas davantage, en vous disant que ces principes du socialisme, si rarement justes, conduisent à des conclusions qui ne sont acceptables, ni pour les individus, ni pour les nations. (*Applaudissements.*)

Voilà pourquoi il me paraît que le devoir de tous ceux qui se consacrent au service de la cause populaire, doit tendre à lui montrer comment, par quels moyens, vers quel but elle doit marcher pour conquérir les droits qu'elle revendique.

Ces droits sur quoi les fondez-vous ? sur l'égalité des hommes.

L'égalité des hommes ! vous n'avez, pas plus que moi, la prétention et l'idée de la confondre avec l'égalité chimérique des conditions dont l'inégalité frappe tous les jours vos yeux. Mais c'est l'égalité vraie de tous les hommes devant Dieu que personne mieux que les catholiques n'a tenu non seulement à inscrire dans leur programme, mais encore à mettre en pratique tous les jours, parce que c'est le fond même de leur foi, parce que c'est le fond même de leurs croyances.

C'est précisément dans cette égalité que les hommes sortis de la main de Dieu marchent vers lui après avoir satisfait au labeur de leur vie. (*Applaudissements.*)

Voilà la source où vous avez puisé le sentiment de vos droits.

Et vous avez un sentiment naturel qui vous indique le moyen d'arriver à leur réalisation ; vous l'appelez la fraternité.

Ce sont ces idées qui depuis un siècle agitent tout un peuple dans des tourments dont vous savez l'histoire. C'est pour ces idées que le peuple trop souvent se livre à des luttes dont il a été parfois la victime, se traîne à des combats qu'il a engagés pour la justice, et qu'il termine par la victoire de ceux qui l'ont dirigé. C'est pour ces deux mots d'égalité et de fraternité que vous avez écrit l'histoire d'un siècle qu'on appellera « le siècle des ouvriers. »

Eh bien, Messieurs, que vous a-t-il donné ? (*Applaudissements.*)

La fraternité ? Sans doute on peut dire qu'à aucune autre époque le souci de l'amélioration de la condition du travail n'a plus profondément occupé les esprits.

Quel est cependant le trait caractéristique de notre temps ? Quelle est la cause de tous ces soulèvements ? N'est-ce pas précisément l'antipode de la fraternité, c'est-à-dire l'égoïsme ? cet égoïsme qui engendre chez les uns l'abus de la force, l'injustice, les satisfactions immodérées ; chez les autres la violence et la haine.

N'est-ce pas la caractéristique de notre temps ? N'est-ce pas l'histoire écrite sur les pavés de nos villes, écrite ici même dans les souvenirs de votre cité lyonnaise ; n'est-ce pas l'histoire de toutes les phases par lesquelles nous avons passé depuis cent ans.

Est-ce là la fraternité ?

Non, certes ! la fraternité ne peut venir que du sentiment profond inspiré au cœur des hommes, qui leur donne la conviction, qu'ils sont non seulement égaux devant Dieu, mais vraiment frères en Jésus-Christ. (*Applaudissements.*)

Voilà notre foi, voilà le fondement de notre science sociale et économique, voilà notre secret à nous ; voilà ce qui, depuis des années, nous jette sur le chemin des foules ouvrières, nous précipite au-devant d'elles pour leur demander de nous entendre, et pour essayer de leur offrir par des institutions pacifiques, par des lois sagement établies, le moyen de reconquérir ces droits qu'ils revendiquent légitimement.

Pour nous, Messieurs, le fondement de notre foi, c'est que, si nous sommes d'inégales conditions, si nous avons une part différente aux richesses et au bonheur, il y a une fortune et un bonheur qui nous est commun, c'est d'avoir été rachetés par le sang d'un même Dieu... (*Applaudissements*). C'est de pouvoir à certains jours, au milieu des plus cruelles souffrances quand nous n'avons aucun moyen de les apaiser et de les diminuer, c'est de pouvoir jeter les yeux sur l'image d'un Homme qui a versé son sang, dont les mains ont plus souffert que les mains calleuses du travailleur dont la passion a été plus douloureuse que la plus rude journée de travail, et qui a souffert tout cela pour vous, ouvriers, aussi bien que pour vous, patrons industriels, et aussi bien que pour nous, qui n'appartenons pas à l'industrie. (*Applaudissements.*)

Dans notre conviction, le premier moyen qui nous permette de nous acheminer vers la fraternité, d'où sortira la juste reconnaissance de nos droits, c'est de dire aux uns et aux autres qu'il y a une limite aux revendications de leurs droits, et, cette limite, c'est le point où leurs droits froissent d'autres droits également légitimes.

Mais pour demander de telles abdications il faut s'appuyer sur des principes supérieurs à ceux qu'énoncent les hommes.

Il n'y a que deux forces qui pourraient les imposer : une, qui s'appelle la force de l'Etat, mais c'est la contrainte et les gendarmes, force fragile parce qu'elle ne s'appuie que sur ce qui se passe ; et l'autre, celle qui rappelle aux hommes leur commune origine, et les limites que la foi leur impose. (*Applaudissements.*)

Le second moyen auquel vous faites appel pour la satisfaction de vos droits, c'est la grève.

La grève, Messieurs, vous en savez sur ce point tout aussi long que moi. Je n'ai pas l'intention de vous apporter de longues théories, deux mots suffiront.

La grève peut être légitime quand elle couvre des droits légitimes, elle cesse de l'être quand elle a recours à des violences condamnables. Les grèves laissent entre l'ouvrier et le patron un fossé plus profond, plus difficile à franchir, des défiances augmentées. Au lieu d'avoir fait un pas en avant, de chaque côté, on a fait un pas en arrière. (*Applaudissements.*)

Et cependant il faut aux ouvriers un moyen de résister aux prétentions injustes de certains patrons. En 1884, une loi leur a accordé le droit d'association professionnelle, droit que je m'honore d'avoir toujours soutenu. Mais je regrette que cette arme soit trop souvent détournée de son but par des hommes qui s'en servent comme d'un instrument politique. De là vient la défiance de certains patrons à l'égard des syndicats.

Vous voilà donc, patrons et ouvriers, armés par l'association. Eh bien ! j'estime que si cette organisation ne doit pas aboutir à une organisation mixte, la guerre seule peut résulter de l'association telle qu'elle est prévue par la loi de 1884. Pour moi, je crois que l'avenir est à l'association mixte, dans laquelle ouvriers et patrons pourront débattre mutuellement leurs intérêts et arriver à un accord. (*Applaudissements*).

Mais cet accord suppose la volonté de s'entendre et cette volonté ne peut provenir que de l'amour chrétien. Car, hors de là, on ne me fera pas comprendre comment des hommes opposés par leurs intérêts pourront arriver de bonne volonté à une entente. Ce miracle, la fraternité chrétienne seule peut le produire.

Je reviens à ce que je vous disais, il y a un moment, quand je vous voyais passer en foule nombreuse : la faveur avec laquelle vous écoutez les discours socialistes, c'est que je découvre au fond de vos aspirations, de vos sentiments un flot inconscient de christianisme, qui vous monte du cœur aux lèvres. Ce qui explique au milieu de vous le grand succès des doctrines socialistes, c'est qu'il s'y trouve un christianisme inconscient. (*Applaudissements.*)

On m'a souvent dit : vos prédications sont vaines, votre propagande est illusoire, le peuple est detourné du christianisme. Je ne le pense pas, Messieurs, car chaque jour, plus j'avance, plus je pénètre dans les masses populaires, plus l'inverse me frappe.

Et chez ceux-là mêmes qui ont perdu la foi, je retrouve précisément ce flot de christianisme qui leur monte au cœur. Ce qui leur manque, ce sont des hommes qui leur apprennent que le christianisme possède seul la vraie formule de ces droits, et les moyens pour les obtenir. (*Applaudissements.*)

Mais ce langage du christianisme, il faut le faire entendre par des missions infatigables d'hommes, prêtres, laïques, parce qu'avant tout il importe de pénétrer dans les âmes et de faire connaître le nom chrétien.

Ce n'est pas une parole nouvelle, ni une doctrine nouvelle que je vous apporte, c'est l'histoire de l'Eglise catholique, c'est l'histoire de son origine, ce sont vos titres de noblesse.

Vous ne savez pas assez le rôle de l'Eglise au milieu de la société païenne. C'était l'abus de la force, car l'homme n'y avait plus de dignité personnelle, et le travailleur était esclave, enchaîné par son labeur de tous les jours.

Vous ne savez pas assez ce qu'a été dans ce monde païen l'apparition de cette doctrine chrétienne fondée par la parole du Sermon de la Montagne, disant aux forts, aux riches, aux maîtres : « Ton esclave te doit l'obéissance, mais devant Dieu, il est ton égal. » (*Applaudissements.*)

Vous ne savez pas ce qu'a été alors le langage de l'Eglise contre tous les abus dont vous vous plaignez aujourd'hui.

Saint Basile ne disait-il pas que le travail était le *courtier du royaume du Ciel?*

Ai-je besoin de rappeler dans quels termes l'Eglise flétrissait alors l'usure, les maîtres qui retenaient le salaire de leurs ouvriers, qui négligeaient de les payer, qui tiraient de l'argent un produit excessif? Ces termes sembleraient excessifs à côté des termes dont se servent nos prédicateurs socialistes.

Voilà comment le christianisme a continué à marcher en avant, en s'appliquant à rendre à l'homme et aux travailleurs leur dignité, en établissant le fondement de la famille sur le modèle de celle de Nazareth, non pas la famille dispersée, mais la famille respectée et honorée, où trônait la Sainte-Vierge et avec elle la femme, celle que l'antiquité avait dédaignée et méprisée, resplendissante maintenant dans sa dignité d'épouse et de mère. (*Applaudissements*). Puis quand les puissants en venaient aux mains, quand les conquérants se rencontraient, entre les vainqueurs et les vaincus, on voyait l'Eglise catholique rappelant aux uns et aux autres qu'*ils sont tous frères en Jésus-Christ.* (*Applaudissements.*)

On a vu les moines à l'œuvre. Il a été pendant longtemps de bon goût de vous les jeter en pâture. Les avez-vous regardés pendant bien des siècles disant au monde : « Voyez et faites » et donnant le modèle de cette association collective, dont ils ont fourni la vivante image.

Ils ont établi un budget pour l'assistance publique que jamais les gouvernements n'ont été capables d'établir. (*Applaudissements*).

Je pourrais sur cette seule matière faire un long discours.

Il peut y avoir de faux chrétiens qui ont pu faire croire que l'Eglise était changée. Ils ont renfermé l'Eglise dans les sacristies, et l'ont dérobée à la vue du peuple ; il peut y avoir des hommes, qui par passion politique, pour chercher le moyen de conquérir les faveurs populaires ont pu faire la guerre contre l'Eglise, masquant ainsi leur impuissance de venir au secours des travailleurs.

Vous savez ce qu'il faut penser aujourd'hui de toutes ces armes que les événements se sont chargés de détruire.

Pendant que les législateurs s'agitent, pendant que l'empereur d'Allemagne entasse des rescrits, voilà que tout à coup à une extrémité de l'Europe, une voix s'est élevée, qui prenant en main, au nom de l'Eglise, au nom de Jésus-Christ, la défense des travailleurs, montre aux riches et aux puissants du monde de quels sont leurs devoirs vis-à-vis du peuple. (*Longs applaudissements. — Cris répétés : Vive Léon XIII*).

Voilà la parole qui a retenti plus haut que les Congrès de Bruxelles et de Bâle, plus haut que les grèves, plus haut que les fusillades de Fourmies ; elle a commandé l'attention de tous les hommes.

Dans un temps où le Pape n'est plus qu'un souverain dépossédé, où il est seulement la plus grande autorité morale, il a pu dire, dominant le monde : « *Le mal qui agite les sociétés, le voilà, et le remède par lequel on peut les guérir, je vous l'apporte.* » (*Applaudissements.*)

Vous avez lu l'Encyclique, je l'ai vu afficher sur les murailles de votre ville, je voudrais qu'elle fût dans toutes les mains, et je voudrais qu'on me dise après l'avoir lue, quel est l'orateur, l'économiste, le faiseur de systèmes qui aurait tenu un pareil langage.

Cet homme vêtu de blanc, que depuis dix-huit siècles, on voit à Rome, le successeur de Saint-Pierre, cet homme qui, il y a trois ans, ouvrait toutes grandes les portes de son palais pour recevoir les députations d'ouvriers, faisant à ces délégués les honneurs royaux qu'on réservait autrefois aux empereurs et aux souverains qui venaient en pèlerinage au Vatican, cet homme, dis-je, a scellé publiquement l'alliance de l'Eglise et de la démocratie ou plutôt l'a rappelée au monde, car c'est Jésus-Christ, qui le premier a scellé cette réconciliation en indiquant aux peuples l'utilité et la grandeur qu'il y avait dans la condition des travailleurs. (*Applaudissements.*)

Voilà, Messieurs, le terme et la conclusion de ce discours. Vous avez devant vous des hommes qui sont passionnés pour votre service, qui sont ardemment attachés à la défense de vos droits et qui veulent ramener dans le monde du travail la pacification.

Il ne s'agit plus de cléricalisme ni de gouvernement des curés, il s'agit de trouver un appui et il n'y en a pas de plus grand que celui de l'*Eglise catholique*. (*Applaudissements.*)

Eh bien, Messieurs, on aura beau faire, l'illusion va se dissipant; les années se sont écoulées pendant lesquelles on pouvait vous leurrer avec de prétendues démonstrations, en vous disant qu'en chassant les Frères des Ecoles et les Sœurs des hôpitaux, en enrégimentant les curés dans les casernes, on travaillait pour vous; aujourd'hui on est en droit de vous dire que tout ce qu'on a fait pour vous c'est contre vous qu'on l'a fait. (*Applaudissements.*)

Voilà le voile qu'il faut déchirer, et c'est à cela, Messieurs, que je vous convie les uns et les autres. J'ai pendant longtemps désiré la formation de ce que j'appelais autrefois *le parti catholique*. Qu'on l'appelle d'un non ou d'un autre, le véritable *parti catholique*, c'est celui qui se fondera sur l'Eglise pour donner la justice aux peuples et une légitime revendication à vos droits. (*Applaudissements.*)

Cette association sera l'avant-garde pour demander qu'on rende l'enseignement chrétien à vos enfants, la liberté du culte, la liberté de la charité. Elle sera au premier rang parce que, dévouée à l'intérêt de vos corps, elle placera avant tout l'intérêt de vos âmes. Elle empêchera que vous soyez des machines, des instruments que l'on peut rejeter sans qu'il en coûte rien. (*Applaudissements.*)

Il faut donc que l'équivoque se dissipe. Il n'est pas question de politique, il n'est pas question de formule de gouvernement, il s'agit de savoir quels sont ceux qui prennent véritablement la défense du peuple. Il y a en France des hommes qui veulent le faire. Qu'ils se mettent donc immédiatement à l'œuvre.

Je suis heureux d'apprendre par le *Salut Public* qu'un Comité de l'Union Chrétienne est en formation à Lyon. Nulle part on ne pouvait mieux s'adresser que dans la ville de sainte Blandine, cette servante dont le nom immortalisé par l'Eglise est resté tandis que périssait celui de son persécuteur, le préfet de Rome ; cette pauvre femme dont un ennemi de notre foi, M. Renan, a dit que son martyre avait été le commencement de l'affranchissement par l'héroïsme. (*Applaudissements.*)

L'histoire de votre sainte Blandine se résume en un seul mot : C'était dans le temps de la persécution de Marc-Aurèle, un fort honnête homme (*Sourires*), qui persécutait les chrétiens parce qu'ils étaient chrétiens, non pas parce qu'ils commettaient tel ou tel crime, mais uniquement parce qu'ils étaient chrétiens.

Eh bien ! Messieurs, quand j'entends faire la guerre au cléricalisme, quand j'entends mettre hors la loi ceux qui partagent notre foi, dire que nous sommes des pertubateurs de la paix publique, que nous troublons les esprits, que les lois doivent servir contre nous, je me rappelle le langage de Marc-Aurèle ; je n'y trouve qu'une réponse, celle de sainte Blandine qui après une journée de tortures qui avaient épuisé les bourreaux, se contente de dire : « *Je suis chrétienne ;* il ne se fait pas de mal parmi nous. » (*Applaudissements.*)

Voilà notre réponse. Repoussons dédaigneusement toutes les calomnies dont on nous abreuve : Répétons-le hautement : « Nous sommes chrétiens. Il ne se fait pas de mal permi nous ». Mais nous voulons, parce que nous sommes chrétiens, reconquérir les droits, la liberté qui sont le patrimoine nécessaire de tous les citoyens. (*Vifs applaudissements.*)

C'est dans l'usine Henri Sâtre, quai Rambaud, 8 et 9, qu'a eu lieu, le dimanche 28 juin 1891, à 3 heures de l'après-midi, le grand meeting ouvrier où M. Albert de Mun a pris la parole.

Nulle salle ne pouvait offrir des dimensions plus grandioses pour contenir les six ou sept mille auditeurs qui s'y étaient rendus, et parmi eux des représentants de toutes les classes de la société ; nulle salle n'était mieux choisie pour un meeting ouvrier, avec ses centaines de machines, ses énormes rouages, ses grands volants, ses outils monstrueux qui découpent, scient, tordent le fer aussi facilement que si c'était de l'argile.

www.ingramcontent.com/pod-product-compliance
Lightning Source LLC
LaVergne TN
LVHW020454230826
846091LV00008BA/3197

* 9 7 8 2 0 1 1 9 0 6 0 8 3 *